Loge Maçonnique

LA FRATERNELLE

DE BOLBEC.

CÉRÉMONIE FUNÈBRE

CÉLÉBRÉE POUR HONORER LA MÉMOIRE DU FRÈRE BOUDOT
LE 21 AVRIL 1849.

COMPTE-RENDU ET DISCOURS

Je fus toujours Maçon et toujours je veux l'être,
Dût sur moi retomber la haine des méchants.

Le Maçon étranger aux débats politiques,
Sous l'égide des lois, voulut la Liberté.
Des cultes, respectant les dogmes, les pratiques;
Le sien était l'honneur, la raison, l'équité.

HAVRE

Imprimerie LÉNORMAND DE L'OSIER, rue de l'Hôpital, 37.

1850

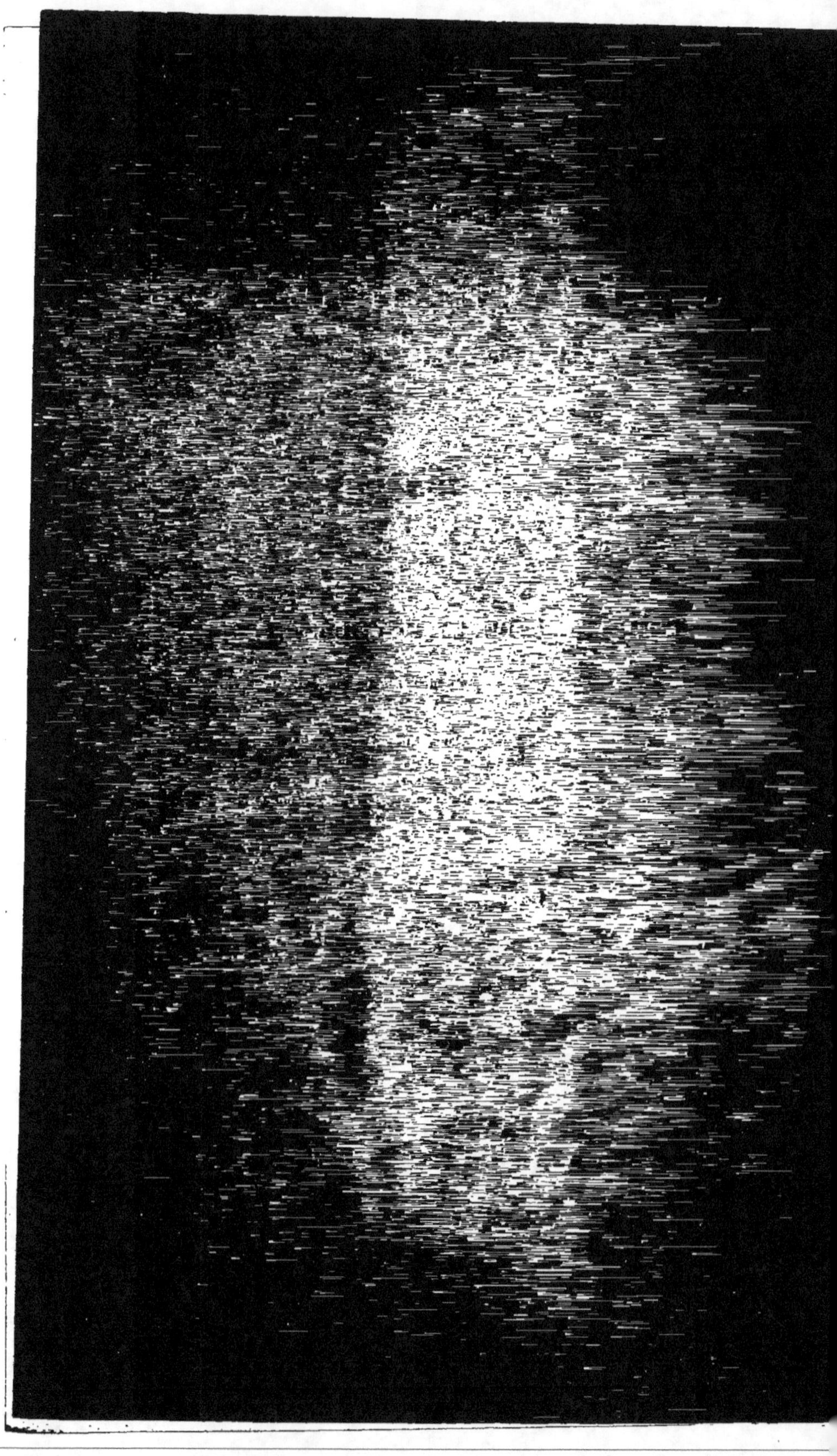

LOGE
LA FRATERNELLE
DE BOLBEC.

<hr>

CÉRÉMONIE FUNÈBRE

CÉLÉBRÉE LE 21 AVRIL 1849 EN MÉMOIRE DU FRÈRE BOUDOT.

Pourquoi cet appareil, pourquoi ces voiles sombres?
Ce silence profond, ces funèbres flambeaux?
Ces sinistres clartés du noir séjour des ombres?
Et la nuit des tombeaux?
Encore un de tes coups, ô Mort inexorable !!!

HAVRE

Imprimerie **LENORMAND** DE L'OSIER, rue de l'Hôpital, 37.

1850

LOGE
LA FRATERNELLE
DE BOLBEC.

CÉRÉMONIE FUNÈBRE

CÉLÉBRÉE LE 21 AVRIL 1849 EN MÉMOIRE DU FRÈRE BOUDOT.

La Loge la Fraternelle compte à peine deux années d'activité, et pourtant déjà un de ses Membres les plus zélés au travail, un de ses fondateurs, le frère BOUDOT, lui a été enlevé par une mort prématurée : le pays compte un loyal citoyen de moins ; l'Ordre Maçonnique regrette un de ses plus fervents adeptes, un sincère apôtre de l'humanité.

Cette mort a vivement affligé les Maçons de La Fraternelle, ils l'ont témoigné, en accompagnant en grand nombre leur frère bien-aimé au champ du repos, en lui disant, par l'organe du frère NICAISE fils, un dernier et pénible adieu. Mais leurs regrets n'étaient pas encore suffisamment exprimés. Un usage sacré, la reconnaissance, l'amitié leur faisaient un devoir de célébrer maçonniquement la mémoire de celui qui les a précédés dans la tombe.

Ils ont décidé qu'une pompe funèbre serait célébrée le vingt-et-unième jour d'Avril, en l'honneur de ce digne frère ; que toutes les Loges de la correspondance de La Fraternelle y seraient conviées et que des dames recevraient une invitation de participer à cette grande et touchante solennité.

En Maçonnerie, demander c'est obtenir ; aussi la Loge La Fraternelle n'hésita-t-elle pas un seul instant à s'adresser à de respectables Loges, qui l'ont accoutumée à une bienveillance illimitée, afin d'obtenir d'elles de nombreux matériaux, qui lui manquaient, pour décorer le temple de deuil.

La respectable Loge Les Trois H.·. du Havre lui envoya des draperies et tous les outils nécessaires ; elle fit plus, elle députa son intelligent frère servant pour orner l'enceinte funéraire.

L'illustre Loge Les Arts Réunis de Rouen accorda avec empressement ses ornements de deuil et ses rituels.

Merci à ces deux Loges amies, merci, trois fois merci.

Au jour fixe, à l'heure indiquée, tout était prêt ; les Membres de La Fraternelle se pressaient dans le parvis du temple, ils se décoraient des symboles de la mort.

Bientôt, les portes de la salle préparatoire s'ouvriront, les travaux commenceront, les députations des Loges invitées seront reçues avec le cérémonial usité.

Le frère HOUDARD jeune, de Rouen, se charge, avec son dévouement et son zèle ordinaire, de la fonction importante de Grand Maître des Cérémonies. Le frère DESGENETAIS, remplissant cet office dans la Loge, se met avec bonheur à sa disposition.

Les frères ayant reçu chacun une branche de verdure, le cortège se forme et la Loge se rend dans le Temple des Regrets dont un expert garde les portes.

Ils entrent dans un religieux recueillement, le glas vibre, une harmonie funèbre se fait entendre, le cénotaphe est entouré. Chacun s'incline dans un respectueux, profond et solennel silence, les devoirs fraternels s'accomplissent mystérieusement.

L'encens est animé, en même temps des vœux fervents et religieux montent vers le trône du Très-Saint ; la réunion paie son tribut de regrets à la mémoire du frère, que l'Éternel a rappelé vers lui ; des symboles d'immortalité sont déposés sur le catafalque et le tronc de la bienfaisance reçoit l'offrande de chaque Maçon pour les malheureux que l'Ordre s'est donné la mission et le devoir de secourir.

Alors des cris d'espérance s'élèvent de tous les cœurs ; la Loge croit au bonheur éternel du frère BOUDOT.

Les devoirs sont remplis, les travaux maçonniques sont épuisés ; mais une consolation bien grande attend encore ceux qui y ont participé.

Le frère HOUDARD vient annoncer que des dames demandent la faveur d'être admises à déposer sur la tombe du Maçon, de l'homme de bien qu'on pleure, leurs vœux et leurs fleurs.

Cette demande est accueillie avec bonheur, avec attendrissement ; l'amie, la compagne de l'homme, celle qui embellit sa vie, qui rend plus vives les joies quelquefois accordées sur cette terre, ne doit-elle pas, en effet, prendre part aux douleurs qui le frappent, et sa présence alors n'est-elle pas un baume consolateur !!!

Une députation d'honneur va au-devant de ces dames, afin de leur témoigner combien la Loge est touchée de leur pieuse démarche, des marques de sympathie qu'elle en reçoit !!!

Après quelques instants, avec le plus grand recueillement et aux accords d'une musique religieuse, le cortège pénètre dans le temple de deuil.

Guidées par le Maître des Cérémonies, les dames font le tour du catafalque, déposent leurs rameaux et leurs couronnes de verdure, symboles de funèbres regrets ; l'encens est ranimé et s'élève vers la voûte céleste, se confondant avec les sons mélodieux de l'harmonie. — Ce moment fut grand et solennel !!!

Au milieu du plus profond et du plus imposant silence une voix amie et fraternelle fait entendre la prière emblématique des Maçons. Ces religieux accents semblent convier les âmes au séjour de l'Eternité. — L'émotion fut profonde !!!

Le Président de la Loge, le frère NICAISE fils, prend la parole et dit :

MESDAMES ,

Pardon , le mot qui vient d'être prononcé par ma bouche, est consacré dans le monde par un langage qui appartient à la respectueuse civilité , langage qui est aussi dans nos mœurs, en dehors de ce temple maçonnique, mais que nous remplaçons ici , où tout est plus affectueux, plus intime, par un langage qui réponde plus aux chaleureuses inspirations du cœur qu'aux exigences d'une politesse banale. Ici, reconstituant la famille primitive, nous sommes tous frères et nous ne nous désignons , les uns les autres, que par cette appellation ; permettez-nous de donner de l'extension à ces expressions primordiales et ne soyez point offensées de vous entendre, dans la suite de cette séance, traiter de sœurs.

Oui, Mes Sœurs, tel est le mot intime, par lequel nous vous désignerons ; c'est celui qui répond le mieux au sentiment que vous nous inspirez et que vous méritez si bien , en venant , avec empressement, vous associer à nous, pour nous aider à célébrer dignement la cérémonie touchante pour laquelle nous nous sommes réunis.

Dans ce jour mémorable, qui restera à jamais présent à notre souvenir, nous nous proposons, Mes Sœurs, de payer un juste tribut de regrets à la mémoire de notre bon et digne frère Boudot, et de jeter quelques fleurs sur sa tombe, qui est celle d'un homme de bien.

Merci, trois fois merci, Mes Sœurs, d'être venues joindre vos pleurs à nos pleurs, vos regrets à nos regrets et vos hommages à nos hommages. Vous nous prouvez, une fois de plus, qu'ainsi qu'un grand auteur l'a dit : « Il ne se fait rien de bien, rien de véritablement grand sur la terre, sans la participation des femmes. »

Mes Sœurs, c'est un usage depuis longtemps reçu dans les Loges maçonniques, de consacrer un jour chaque année à rappeler les qualités, les vertus de ceux que la faulx du Temps, dans son rapide passage, enlève parmi nous dans le cours d'une révolution solaire. L'an dernier, les mille événements de la politique, les préoccupations, qui, pour chacun de nous, en étaient les conséquences, ne nous permettaient pas le calme d'esprit, si nécessaire pour se livrer, s'abandonner, avec bonheur, à tous les épanchements du cœur. Grâce à Dieu, nous nous croyons à l'aurore de jours meilleurs et nous n'avons rien de plus pressé que de profiter de cette accalmie pour nous acquitter d'une dette sacrée.

Permettez-moi, Mes Sœurs, de vous retracer succinctement la vie si honorable de notre excellent frère Boudot et les circonstances si douloureuses, pour nous, dans lesquelles il nous a été enlevé.

Un mois s'était écoulé depuis le jour où les Maçons de

La Fraternelle avaient vu consacrer à la gloire de Dieu, le nouveau temple, qu'avec persévérance et courage, ils sont parvenus à lui élever. Un mois.... et déjà la joie et le bonheur, dont cette auguste cérémonie semblait leur présager une longue durée, avaient fait place au deuil et à la tristesse. Instabilité des choses de ce monde, vicissitudes de la vie, mutabilité, dont l'Eternel dans sa sagesse nous a refusé la prescience, tel est l'effet ordinaire de vos révolutions! Au jour le plus vif succède parfois la nuit la plus noire. De même chez l'homme la désolation suit souvent l'allégresse.

Et voyez ce rapprochement. Mes Sœurs, le 8 Août 1847, à quatre heures du soir, riante et parée comme la jeune fiancée qui va s'unir à celui qu'elle aime, la Loge La Fraternelle entendait, dans une douce ivresse du cœur, prononcer dans son sanctuaire les paroles sacramentelles qui l'unissaient pour toujours au grand centre maçonnique.

Le 8 Septembre suivant, à la même heure, les Maçons de cette Respectable Loge suivaient tous, dans un morne silence et le deuil dans l'âme, la dépouille mortelle d'un de leurs frères, qu'on allait déposer au champ du repos. Un nombreux cortège de parents et d'amis qu'escortait la compagnie tout entière des sapeurs-pompiers, dont le défunt était l'un des officiers, suivait aussi le funèbre convoi, et cette réunion d'hommes de toutes les conditions, assemblés dans le même but, quoique par des motifs, des sentiments divers, témoignait assez de l'estime et de l'affection que s'était acquises le défunt.

Mais quel était donc ce défunt? Était-ce un grand de la terre, ou un de ces hommes qui, flambeaux merveilleux échappés du feu créateur, se sont signalés par des découvertes utiles à l'humanité? Ou bien était-ce un de ces guerriers, dont la renommée aux cent voix, a redit les exploits à tous les peuples du globe? Faut-il pour rappeler sa vie le talent des Bossuet, des Massillon, des Fléchier? Non, sa part est plus modeste; mais, qui oserait dire qu'il n'a pas aussi bien mérité que ces princes, ces savants ou ces héros si dignement loués par les grands orateurs!

Ecoutez, écoutez, Mes Sœurs, les paroles prononcées sur la tombe de notre frère, par un d'entre nous qui, plus particulièrement, peut-être, avait été à même de l'apprécier. Ces simples paroles, échappées du cœur, peignent, nous le croyons du moins, la vie simple et tranquille de notre frère Boudot, la vie d'un honnête homme, la vie d'un bon Maçon.

Un de nos bons amis, un homme dont l'excellent cœur était ouvert à tous les sentiments honorés du monde profane, comme à toutes les vertus maçonniques, le frère Louis Boudot, vient de payer à la nature un inévitable tribut.

Gémissons, Mes Frères, sur cette perte irréparable. Le frère Louis Boudot n'est plus! Sa main ne pressera plus fraternellement les nôtres! Sa voix amie ne retentira plus à nos oreilles!... La chaîne symbolique qui nous unissait à lui par l'amitié la plus vive, est tout-à-coup et à jamais brisée!..... Gémissons, gémissons, Mes

Frères !!! Et, bien que respectueusement soumis aux impénétrables décrets de l'Eternel, laissons éclater notre douleur, de la cruelle séparation qui s'accomplit aujourd'hui ! Ce n'est point murmurer contre les mystérieuses volontés de Dieu, que de témoigner, par des larmes, de l'amour qu'il a mis dans nos cœurs pour le frère que nous avons perdu.

Frère Louis Boudot, ta mort laisse dans nos rangs un vide que rien ne saurait combler. Bon époux, bon père, surtout, et par-dessus tout, homme de bien, homme de cœur, tel nous t'avons tous connu dans le monde. Ta vie fut calme parce qu'elle fut celle d'un honnête homme ; tu dus à ta conduite, à ton intelligence, à ton amour de l'ordre et du travail, de conquérir une honorable position et l'estime de tous ceux qui ont pu t'approcher et apprécier tes bonnes qualités. Désireux, depuis ta jeunesse, d'être admis dans un ordre, où toutes les vertus marquaient ta place, ton éloignement d'un foyer maçonnique différa seul la réalisation de ce vœu de tous les instants de ta vie ; mais une circonstance heureuse se présenta et la grande famille put, enfin, compter, parmi ses enfants, un bon et digne frère de plus. Oh ! Mon Frère, ce jour-là fut, pour nous tous, un jour de touchante allégresse. Témoins de la manifestation de ta joie, à ton entrée dans notre temple, nous aurons sans cesse présents à la mémoire la sincérité de tes promesses et l'espoir que nous fondions en toi.

Guidé par un jugement sain, animé d'une foi raisonnée, aimant sa patrie, respectant les saintes croyances, le frère Louis Boudot devait promptement comprendre l'esprit pur et philosophique de notre doctrine. Il savait, qu'étrangère aux dissensions politiques, la Maçonnerie recommande à tous ses adeptes, le dévouement à la patrie, la soumission aux lois, l'amour de la paix publique ; il savait, qu'étrangère aux dissidences religieuses, tolérante par principe et par devoir, elle accueille également comme frère, le catholique, le calviniste, le juif et le mahométan, si d'ailleurs ils sont bienfaisants, laissant à chacun la liberté de suivre les pratiques, même les plus minutieuses du culte dans lequel il est né ; mais prêchant à tous, avec ardeur, avec dévouement, les maximes qui ont pour bases l'humanité, l'honneur ; et ne repoussant de son sein que l'égoïste au cœur sec et l'incrédule athée.

Une telle doctrine avait subjugué l'âme de notre frère BOUDOT. Il était heureux d'être Franc-Maçon ; il était heureux de nous aimer et il nous aimait de bonne foi ; il nous aimait pour nous, pour l'œuvre sacrée que nous avons entreprise. Cloué sur son lit de douleur, sa pensée était avec nous, et si, parfois, durant le cours de sa terrible maladie, une souffrance morale se joignait à d'atroces souffrances physiques, elle lui venait de l'impossibilité où il se voyait réduit de partager nos travaux.

Sans doute, Mes Frères, nous avons souvent déploré l'absence de notre frère BOUDOT, souvent regretté que son concours nous manquât dans l'accomplissement du bien que nous nous proposions de faire ; mais sa présence dans notre temple n'eût-elle été que d'un instant, qu'elle nous laisserait, contre les méchants, ainsi qu'elle nous la laisse, en effet, une arme victorieuse. Oui, si jamais, dans son aveugle délire, le fanatisme perturbateur réveillait contre nous d'anciennes calomnies endormies sous le bon sens public, la vie et les principes de notre frère suffiraient à les détruire. « Cet homme, dirions-nous à nos détacteurs, cet homme que vous avez tous honoré, tous respecté, fut constamment un bon et fidèle Franc-Maçon, jusqu'au moment suprême il aima notre ordre et pourtant il est mort en vrai chrétien, en bon catholique, il est mort muni des sacrements de l'Eglise. »

Tel fut l'homme, tel fut l'excellent frère ravi à notre amour. Hélas! pourquoi faut-il que nous ayons sitôt à pleurer sur sa tombe?... Mort qui nous sépare d'un frère bien-aimé! Dis, est-il bien vrai que tu l'aies pour toujours dérobé à notre affection? Frère Louis Boudot, ne nous reverrons-nous plus? Oh! que ce silence de la tombe serait effrayant, Mes Frères, si nous n'entendions là, dans notre conscience, une voix qui nous crie : « Consolez-vous, cette séparation aura son terme. Consolez-vous, le frère Boudot vous sera rendu. Un jour, tôt ou tard, un jour viendra, où vous tous qui l'avez aimé, retrouverez dans le céleste séjour, l'âme si bonne et si aimante de celui que vous pleurez aujourd'hui! Parti le premier, il vous attend là-bas.... Son voyage est fini.... Il vous attend au but. »

Espoir d'une vie meilleure, espoir d'une réunion éternelle dans le sein du créateur, vous êtes, en effet, dans ce jour néfaste notre unique consolation !!!

C'est là, Mes Sœurs, le dernier adieu adressé par des frères à l'homme de bien qu'ils ont perdu, ils n'ont

trouvé d'autres consolations, à une si vive perte, que
dans le sentiment et l'espoir de se revoir dans une autre
vie, sentiment de l'immensité de Dieu et de l'immortalité de l'âme que je vais essayer de vous décrire tel que
le conçoivent les Francs-Maçons :

Mes Soeurs,

Appelé sur cette terre par la puissance infinie qui
préside aux destinées du monde, l'homme ne s'appartient pas ; sa place est marquée d'avance dans l'échelle
des êtres. De même qu'il n'a pu vouloir naître, il ne
peut, sans blesser les lois de la nature, vouloir périr.
L'instinct de conservation qu'il porte en lui, lui impose
l'obligation de ne point attenter à ses jours, et l'homme
ne se sent pas plus maître de mourir qu'il ne s'est senti
maître de vivre.

Cette idée doit être pour nous une leçon féconde ;
tâchons qu'elle éclaire comme un flambeau notre marche
dans l'obscurité qui enveloppe le présent et l'avenir.
Que sommes-nous donc, nous tous qui ne tenons pas
de nous notre existence et qui n'avons pas le droit
d'en disposer? Ne serions-nous pas un instrument dans
les mains de la Sagesse infinie, et, comme la meule,
mise en mouvement par une force étrangère, qui écrase
et moud le grain, n'aurions-nous pas, nous, dans la
sphère de notre activité, une tâche à remplir? La voix
de notre conscience nous le crie, et l'idée religieuse,

si profondément implantée dans notre âme, n'en est elle-même que l'expression. Non, croyez-le bien, ce n'est pas, par un vain et détestable orgueil, qu'il nous répugne à tous de penser que nous sommes ici-bas, comme l'animal qui vit et qui meurt sans laisser trace de son passage.

L'idée morale, c'est-à-dire l'idée du bien et du mal, aussi vieille que les sociétés, auxquelles elle a toujours servi de base, grandissant ou dépérissant avec elles, n'est-elle pas pour nous le plus sûr garant de cette mission que nous avons à remplir? Si nous n'avions pas une ligne de conduite à suivre, que signifieraient cette attraction vers le bien, cette répulsion pour le mal, qui ne proviennent pas, comme on pourrait le croire, de l'éducation seule, mais qui sont réellement innées en nous et sont une conséquence de notre nature intelligente? Quelle signification auraient ces peines et ces récompenses écrites dans toutes les lois civiles et religieuses, et qui s'offrent à l'appui, comme la sanction de l'instinct et de l'idée morale universellement répandue? Le mérite et le démérite ne sont-ils donc pas corrélatifs à l'idée d'un devoir? Si ce devoir n'existait pas, qu'importerait que nous agissions d'une manière ou d'une autre?

Ah! Mes Frères, si l'activité de l'homme devait être stérile, s'il devait vivre et mourir sans rien laisser après lui que ses cendres et ses ossements, je n'hésite pas à le dire, l'homme devrait maudire cent fois la vie, maudire cette intelligence qui ne serait plus pour lui

qu'une amère dérision , qu'un sanglant outrage. Oh !
vous tous qui avez la bienveillance de m'écouter , dites !
ne vous est-il pas arrivé, comme à moi, de jeter sur le
mystère de nos destinées ce coup-d'œil inquiet qui me
fait soulever un coin du voile de l'avenir. Saisi de décou-
ragement en présence des misères et des agitations de
la vie humaine, vous vous êtes demandé si tout cela
n'était qu'un inutile et vain spectacle, si tout cela devait
aboutir au néant. A cette idée , vous avez senti votre
cœur se serrer. Quoi ! cette existence si pleine d'activité,
tant de force, tant d'énergie , tous ces soins , tous ces
soucis et ces peines ; quoi ! tout cela n'aurait point de
but ! Un si grand mouvement n'aurait point d'issue !
Alors le néant vous paraîtrait préférable à ce jeu d'une
existence inutile, vous rejetteriez loin de vous cette
raison, qui vous lançait dans des abimes , vous vous
surprendriez, hélas ! enviant le sort de la brute, qui jouit
du présent, sans penser à l'avenir. Mais alors, affaissé
sur vous-même vous sentiez en vous s'élever l'espérance. D'autres idées surgissaient dans votre âme, vous
rejetiez loin de vous ces écrasantes pensées ; un secret
instinct vous ranimait ; vous entendiez en vous s'élever
la voix des ancêtres ; tout les rappelait à vos yeux autour
de vous, vous jouissiez des fruits de leurs peines et
de leurs travaux, tout n'était donc pas mort avec eux ;
ce qu'ils avaient fait pour vous, ne deviez vous donc
pas le faire pour vos successeurs ? S'ils avaient travaillé
dans les limites de leurs forces au triomphe du bien,
de la science, de la vérité sur l'erreur , pourquoi ne
pas continuer leur œuvre ? Dès-lors, une force nouvelle

s'emparait de vous ; vous aviez découvert, à votre activité, une issue ; à votre intelligence, un but ; un juste
orgueil et le sentiment du devoir vous rappelaient à
la vie.

Dans cet heureux moment vous sentiez que vous
n'étiez plus un rouage inutile dans le grand mouvement de la nature, vous n'étiez plus faible et isolé,
votre route était tracée ; à vous il appartenait de la
suivre et de la rendre féconde ; cette force intelligente
que vous dédaigniez tout à l'heure pouvait donc porter
des fruits durables. Enfin, pénétrant plus avant dans
cette humanité dont vous sentiez un atôme palpiter en
vous, goutte d'eau dans l'Océan, votre œil découvrait
l'action de chaque parcelle sur la masse, si bien que,
pour vous, il n'y avait pas un être humain qui, dans
la limite de ses relations et de ses forces, n'eût action
sur l'œuvre commune ; solidarité infinie, rattachant les
générations passées aux générations futures, unissant
tous les hommes, et les rendant tous, les uns à l'égard
des autres, moralement responsables, suivant leurs
forces d'action, du bien et du mal qu'ils ont pu faire.

L'homme est donc appelé, par sa nature, à travailler
pour l'avenir, et il concourt individuellement au but que
l'humanité doit atteindre. Force essentiellement intelligente, son devoir est de déployer toute l'activité dont il
dispose en la conformant à son essence même, car l'intelligence porte en elle-même son propre contrôle,
et la souveraine intelligence n'est autre chose, vous
le savez, que le bien, la vertu, Dieu lui-même.

Si vous avez suivi ce raisonnement, n'est-il pas évident à vos esprits que le premier besoin de l'homme, qui a le souci du devoir et de sa destinée, est de cultiver sa conscience et de faire que ce flambeau , donné par la Sagesse infinie pour nous éclairer dans notre route, répande une lumière vive et l'empêche de s'égarer. Aussi, en remontant dans la nuit des âges , nous voyons cette éducation première se présenter comme la nécessité même de toute organisation sociale. C'est ainsi que l'idée morale, l'idée de Dieu, s'est offerte comme le pivot, le centre, bien plus, comme le but même de l'activité humaine. Telle a été l'origine de toutes les initiations antiques, de toutes les religions aussi anciennes que le monde ; toutes devaient servir de guides à l'homme, toutes devaient diriger sa marche et l'emploi de ses facultés sous l'inspiration d'une vérité morale plus ou moins vaste, cachée sous le symbole des dogmes, et toutes , remarquez-le bien , devaient conduire la Société à une perfection plus ou moins grande, c'est-à-dire vers un Dieu plus ou moins parfait. Telle est aussi le but de la Maçonnerie, grande et imposante initiation.

Et maintenant que je viens de lancer dans l'espace ces mots d'initiation maçonnique, permettez , à l'un de ses plus fervents adeptes, de vous dire toute sa pensée et de soulever un peu plus à vos yeux et sans manquer à ses saintes promesses, le voile qui vous cache ses plus sublimes vérités. « Que sont à côté de l'initiation maçonnique toutes les autres initiations? Resserrées dans les dogmes, dont elles ne peuvent sortir et qu'elles ne peuvent briser sans se détruire elles-mêmes, elles sont

inhabiles à donner à l'idée qu'elles renferment, le déve-
loppement que cette idée comporte; celle-ci disparaît
même presque toujours sous la pratique de la forme qui
l'abrite et la couvre. Toutes s'opposent plus ou moins à
l'activité de l'homme; elles tournent ses aspirations
loin de la terre, qu'elles représentent comme un séjour
passager de souffrance, indigne d'attirer les regards;
elles engendrent la contemplation oisive; bien plus par
leur nature même, elles repoussent et stygmatisent tout
ce qui ne sort pas immédiatement d'elles; car, si elles
sont le produit de la révélation de l'Être-Suprême,
comme toutes l'enseignent, en elles seules doit donc
résider la perfection, et tout ce qui se produit en dehors
ne peut être que mal.

Telle n'est pas, Mes Frères, l'initiation maçonnique.
Essentiellement philosophique, elle s'est attachée à faire
prédominer l'idée sur la forme; aussi respecte-t-elle
toutes les croyances. Pour elle, pas de peuples séparés,
de races ennemies, de limites. Sanctification de la
force intelligente qui réside dans l'homme et le distingue
seul de l'animal, elle fait appel à l'activité de tous et la
guide au flambeau de sa grande et puissante morale.
Religion du travail, comme l'indique son nom, du
travail patient, réfléchi, persévérant et durable,
la Maçonnerie éclaire le cœur, arme la conscience,
puis elle lance en avant dans la carrière de la vie
montrant d'une main le passé, de l'autre décou-
vrant le champ de l'avenir. Ah! Mes Frères, en face de
cette grande idée maçonnique, de cette puissante image
du progrès, présidant à l'activité humaine dans toutes

les directions, aux développements des arts, des sciences, des industries, des institutions civiles et politiques, qui ne se sentirait saisi d'admiration et de respect? Si la Maçonnerie lève les yeux vers le ciel, c'est, comme le nautonnier, dont le navire chargé des fruits de la terre fend les ondes, pour y découvrir sa route et porter plus vite et plus sûrement la prospérité et l'abondance. Voyez, elle travaille sans relâche au grand édifice qu'elle bâtit de siècle en siècle et auquel elle convie chacun de ses fils d'apporter sa pierre. Non, la Maçonnerie ne s'arrêtera pas tant que le temple qu'elle élève à Dieu, c'est-à-dire au bien, à la justice et à la vérité, ne sera point achevé, tant que le mal existera quelque part et que l'intelligence humaine n'aura pas reçu ses derniers développements.

Le frère DUMÉNIL, Orateur, occupe la tribune et après que l'orgue a cessé de se faire entendre, il s'exprime ainsi :

MES FRÈRES,

Ce temple entièrement tendu de noir; ces graves sentences; ces nobles maximes couvrant les murs; ces signes de deuil décorant glaives et maillets; ce morne et imposant silence; cette affreuse clarté, symbole du passage de la vie au néant; cette vague inquiétude et cette sombre tristesse qui régnent également parmi les vénérables maîtres, les compagnons et les apprentis;

tout ce qui nous entoure, enfin, captive l'attention, excite de sérieuses réflexions, provoque de profondes méditations.

En présence de ce lugubre appareil, image de la mort et de la destruction, au moment de cette funèbre cérémonie, destinée à rendre de pieux devoirs aux mânes de notre bon frère BOUDOT, nous sommes chargé, comme Orateur de ce Respectable Atelier, de reporter vos pensées sur la fragilité de nos êtres, sur l'immortalité de nos âmes, sur les devoirs que notre faible et courte existence impose à nos consciences.

L'homme vient de poussière et retourne poussière.

Né de la femme, il vit peut de temps, sa carrière est parsemée de troubles et de misères.

Il ressemble à une fleur qui n'est pas plutôt éclose qu'elle est foulée aux pieds ; ses jours fuient comme l'ombre.

Sa vie est comme une vapeur qui, paraissant un instant, s'évanouit ensuite pour toujours, sans laisser aucune trace, aucun souvenir.

Mes Frères, parce que l'homme n'a que le temps de naître et de mourir :

Concluerons-nous que la mort soit la fin de tout et qu'après elle il n'y ait qu'un affreux néant !

Voudrons-nous avec PARACELSE, ce héros de la pierre philosophale, que les forces de la nature soient telles qu'il serait possible de créer des hommes au moyen de l'alchimie !

Comme Spinosa , attribuerons-nous la pensée à la substance matérielle !

Confondrons-nous avec Helvetius, l'âme et la sensibilité physique !

Et nous rangeant au système de Cabanis, appuierons-nous cette théorie en prétendant que le cerveau secrète la pensée comme l'estomac, les aliments !

Non, Mes Fréres, non. Nous ne pouvons comprendre que la confusion de la matière ait pu produire des corps susceptibles de sensations si variées, de mouvements si divers, construits d'organes si délicats, ayant entre eux des rapports si merveilleux.

Notre raison se refuse à admettre, qu'après avoir formé la souche des générations infinies de ces êtres parfaits, le Chaos ait été jusqu'à les pourvoir de facultés transmissibles aussi extraordinaires que celles qui nous donnent les idées de pouvoir, d'intelligence, de liberté, de bonté, de justice.

Avec la tradition de la plus haute antiquité, avec les livres sacrés, avec les grands hommes de tous les siècles, avec tous les peuples plus ou moins civilisés, nous tenons pour plus rationel, nous croyons fermement, qu'un être infini, suprême, par le seul acte de sa toute puissance, a tiré du néant les astres innombrables qui se meuvent depuis le commencement des siècles avec tant de régularité dans l'espace incommensurable, et créé l'homme qu'il a composé d'un corps et d'une âme : d'un corps , matière assujétie à toutes sortes de misères, soumise à une infinité de calamités ; d'une âme, substance immatérielle, être divin, qui prend le nom d'intelligence quand il combine des rapports, de jugement quand il tire des conclusions, de volonté quand il se détermine.

Divers systèmes sur la nature de l'âme se sont produits et ont donné lieu à de vives controverses dès les temps les plus reculés ; ils divisent encore nos philosophes modernes.

Pour nous, c'est une question secondaire de savoir si l'âme, après sa séparation du corps, se réunit à l'intelligence suprême, dont elle ne serait qu'une émanation, ou si elle conserve son individualité, soit avec refusion immédiate, soit avec transmigration fatale et naturelle, ou morale et conditionnelle.

Cependant, pour qu'on ne puisse se méprendre sur nos sentiments, disons que nous nous rangeons à la doctrine des philosophes de l'Evangile, plus sublimes, quoique plus simples que ceux du Portique qui ne rendaient l'âme sensible qu'en la confondant avec le corps et qui par suite n'arrivaient à une vraie morale que par l'accomplissement d'un devoir sans récompense ni dans ce monde ni dans l'autre. Disons donc, d'accord avec le Christianisme, que nous croyons que l'âme est créée spirituelle, séparée de l'univers.

La croyance à l'immortalité de l'âme est plus consolante pour l'honnête homme que tous les systèmes sur sa nature et sa fin quelque brillants qu'ils soient.

Si, pour quelques-uns, ce dogme n'est pas démontré d'une manière tellement parfaite qu'il ne reste aucune objection, il n'en repose pas moins sur les plus généreux sentiments.

Sans l'immortalité de l'âme, il n'y a plus de moralité dans les actes des hommes, toute sanction leur manque.

Sans l'immortalité de l'âme, que deviennent la compassion, la bonté, la reconnaissance, la générosité? vertus qui nous honorent et nous placent si haut au-dessus des autres êtres organisés.

Sans l'immortalité de l'âme, il n'y a plus de dévouement, plus de sacrifice, plus d'amour de la gloire, nobles dispositions du cœur qui nous grandissent même à nos propres yeux.

Nier l'immortalité de l'âme, c'est tarir dans leur source nos plus belles pensées, uos plus sublimes affections.

Nier l'immortalité de l'âme, c'est nous dégrader, nous avilir.

L'homme, par la supériorité de son vaste système cérébro-nerveux, par l'usage de ses divers membres, qui exécutent avec tant d'art et d'adresse, les conceptions de son intelligence, l'homme, disons-nous, est certainement perfectible.

Impressionnable, doué de bon sens et de pénétration pour satisfaire sa faculté d'aimer et de connaître, il a besoin de se lier à ses semblables, de joindre à leurs vœux, à leurs efforts, à leur progrès, son progrès ses efforts et ses vœux. Pouvant s'élever, s'élevant au-delà de la vie d'instinct; devant se créer, se créant réellement une existence artificielle bien au-dessus de l'état brut et sauvage, il est éminemment sociable.

Ainsi, Mes Frères, nous posons comme fait incontestable : *L'existence de Dieu.*

Nous proclamons comme dogme fondamental : *L'immortalité de l'âme.*

Nous reconnaissons comme principe évident : *La prédisposition de l'homme à la sociabilité.*

Eh! bien, Mes Frères, si nous considérons l'homme, ou comme créature de Dieu, ou comme doué par son Créateur de facultés dont il a le libre arbitre, ou enfin, comme porté par sa condition naturelle à vivre en société, il en découle qu'il a trois sortes de devoirs à remplir.

Il doit une reconnaissance infinie à son Créateur pour tous les biens qu'il a mis à sa disposition.

Il doit, lui, être progressif, ayant le sentiment de sa moralité, se conserver en évitant tout excès, toute imprudence; se perfectionner par le bon emploi de ses facultés, se respecter pour être digne de sa propre estime et de celle des autres.

Il doit à ses semblables, à ses frères, justice en ne leur faisant que ce qu'il voudrait qu'il lui fût fait, bienveillance en leur faisant tout le bien qu'il est en droit d'attendre d'eux.

Nos devoirs envers Dieu se réduisent en général à la connaissance et au culte de cet être souverain.

La religion, expression des rapports qui unissent la créature au créateur, est le but le plus élevé qui puisse nous être proposé. Où elle règne avec l'appui de la morale universelle dont elle est la base, règnent avec elle la concorde, la vérité, la charité, toutes les vertus qui prennent leur origine dans son divin principe. Cependant mettons-nous en garde contre l'intolérance théocratique. Tout en conservant nos convictions, soyons disposés a excuser les opinions ou les erreurs des autres ; notre intelligence relative, bornée, peut être influencée par nos passions, par notre éducation, par nos intérêts.

Les devoirs de l'homme, par rapport à lui-même, consistent, en ce qui concerne l'âme, à se faire des idées droites sur les choses qui les excitent, à les conformer aux maximes de la morale et de la religion, à se rendre la vie plus douce, plus agréable, par l'étude des arts et des sciences ; en ce qui concerne le corps, à entretenir et augmenter ses forces naturelles, à se maintenir dans les justes bornes de la défense légitime, de l'honneur. L'homme doit repousser le duel, ce ridicule et déplorable usage qui ne termine plus les guerres et qui ensanglante trop souvent la paix. Il doit se défendre contre la malheureuse monomanie qui ne semble pas disparaître de nos mœurs : le suicide. Il n'y a ni bravoure, ni lâcheté à se donner la mort ; il y a seulement manque de fermeté d'âme. Cependant, Mes Frères, si l'humanité et la tolérance nous commandent d'arrêter le bras de celui qui est assez malheureux pour détester la vie ; elles nous crient : Quand il a succombé plaignez-le, mais ne lancez point anathème sur sa tombe.

Les devoirs de l'homme envers ses semblables découlent, avons-nous avancé, du principe de la sociabilité ; cependant, Mes Frères, nous n'entendons pas les faire dépendre uniquement de la sociabilité ! Non. Le Grand Architecte de l'Univers, étant tout sage, tout bon, s'est proposé sans contredit, en nous donnant le libre arbitre des facultés du corps et de l'âme, une fin digne de lui et conforme à notre propre bonheur. Aussi, le principe de la sociabilité, enté sur le but que cet être souverain s'est donné, n'en est que plus étendu, plus fécond ; il détermine avec un caractère plus grandiose, plus saint, nos devoirs envers la Société humaine, la Patrie, la Famille.

Les devoirs envers la Société produisent l'égalité naturelle, la bienfaisance, la libéralité, l'amitié fraternelle ; toutes les vertus qui se confondent dans l'amour de l'humanité !

Ceux que nous devons à la Patrie donnent naissance au patriotisme, ce sentiment noble, pur, générateur et gardien des libertés publiques, qui meurent bientôt si cette vertu publique s'éteint dans l'âme de la nation.

Ceux que demande la Famille engendrent la fidélité conjugale, la tendresse paternelle, la piété filiale.

Vous le voyez, Mes Frères, quoique la vie des hommes soit éphémère, ils n'en ont pas moins, pendant le peu de moments qu'ils passent sur cette terre, des devoirs à remplir qui sont aussi nombreux que rigoureux ; mais, Vénérables Frères, combien ces devoirs sont encore plus impérieux pour nous, Francs-Maçons, qui avons accepté la grande et sublime mission de préparer les voies vers la sagesse et le progrès, en foulant aux pieds les préjugés de l'ignorance et les passions dégradantes du vulgaire.

O ! Grand Ordonnateur et Conservateur des mondes, toi qui seul es grand, reçois l'hommage sincère des Ouvriers de paix réunis dans ce temple pour te vénérer. Ils te présentent comme offrande, l'oubli des ressentiments, le pardon des injures, des actes de charité! Fais, fais, grand Dieu, que la justice et la vérité règnent toujours dans leurs esprits et dans leurs cœurs, qu'ils ne s'écartent jamais de cette sublime devise, résumé de la morale : *Bien penser, bien dire, bien faire.*

L'harmonie succède à l'éloquence, elle vient compléter les généreuses pensées qui viennent d'être si chaleureusement exprimées, le chant suivant se fait entendre :

Loin de nous tous pensers profanes et vulgaires ;
Que tout ici respire la tristesse et le deuil !
Il faut d'un monde vain, tourmenté par l'orgueil,
Oublier en ces lieux les pompeuses chimères.
     Honorons celui de nos frères
Qui devance nos pas dans la nuit du cercueil.

Une mélodie douce et lente rappelle la romance du sommeil de la Muette de Portici et impressionne vivement l'assemblée.

Le Frère COTY, Secrétaire, ayant remplacé le Frère DUMÉNIL à la tribune, prononce les paroles suivantes :

Il faut mourir!

Oui, Frères, il faut mourir.

Et pourtant mourir, c'est entrer dans un état sur lequel on n'a guère de données. La vie est une réalité que l'on touche ; avec la mort commence le règne de la foi et de l'espérance.

Mais tout dans la nature est soumis au changement, à la dissolution, à la mort ; et, si le monde cessait d'obéir à cette loi, le spectacle qu'il nous offre ne serait plus aussi magnifique, la monotonie y remplacerait l'admirable variété qui le caractérise, qui le rend divin.

L'univers porte dans son sein, éternellement fécond, des myriades de générations d'êtres, qui n'ont pas encore joui de la lumière du soleil ; pour qu'elles prennent place au banquet de la vie, ne faut-il pas que les convives qui y sont déjà assis disparaissent ? — Il en sera ainsi et cela est juste et nécessaire, car :

Une voix toute puissante a crié impérativement à l'humanité : « Marche, marche, marche toujours ; le progrès est la loi des temps ; or, les siècles régis par la vieillesse resteraient immobiles ; la face de la terre ne peut être renouvelée que par des générations vigoureuses et jeunes ; sans le pouvoir de la mort, les âges de Barbarie eussent-ils fait place à l'ère de civilisation et de lumière ? »

Vous le voyez donc, Frères, il faut que nous mourions.

Et cependant hélas!!! mourir!!! c'est quitter les jouissances de la vie; c'est cesser de sentir; c'est ne plus désirer, ne plus espérer; c'est peut-être tout oublier; c'est renoncer à ces moments d'une félicité inouïe qui éclairent la vie et l'illuminent durant quelques heures et qui laissent après eux une impression pleine de charmes qui est, elle-même, un bonheur! O mort tu es terrible!!

Mais des hommes ont volontairement sacrifié leur vie pour le salut de leur patrie, et ce sacrifice sanglant était nécessaire, fut utile. La nature a besoin de notre cadavre, car elle périrait, s'il n'y avait transmission continuelle de substance entre l'homme, les animaux et les végétaux.

Un peuple qualifié de païen avait, sur le bord de la mer, élevé une statue à un dieu, les vagues, le temps et les orages la défigurèrent tellement qu'elle finit par ressembler plutôt à une bête féroce qu'à une divinité. Le choc des passions, les changements arrivés à la constitution de notre corps, l'acquisition d'une multitude d'erreurs, mille causes sans cesse renaissantes, altèrent la pureté de l'esprit qui donne le mouvement et la vie à notre corps. Il faut donc que l'âme et la matière se séparent.

Le voyageur arrivé au terme de sa course, n'a plus cette vigueur, ce courage qui l'animaient en la commençant. Le vieillard perd, une à une, toutes les facultés qui font de l'homme un être supérieur : bientôt il tomberait même au-dessous de l'animal qui conserve toujours l'instinct, et alors la mort, fût-elle le néant, devient un bien.

Qu'est-elle donc si, avec nous, on croit que c'est la porte d'une vie plus digne de l'homme, parce qu'elle est plus parfaite , parce qu'on y éprouve des jouissances qui ne dégradent point, mais qui élèvent !!!

Proclamons donc, Frères, l'utilité , la nécessité de la mort.

Toutefois, ne nous le dissimulons pas : Mourir !!! c'est se séparer et, peut-être hélas !!! pour toujours, de tout ce qu'on a de cher; amis, parents, enfants, époux nous abandonnent à la porte du tombeau.

Aimer, c'est-à-dire , se donner tout âme à un noble cœur , le vénérer pour ce qu'il a de généreux , le chérir pour ce qu'il a de bon, l'adorer pour ce qu'il a de saint, car celui-là qu'on aime est saint, c'est le prêtre de notre cœur, c'est celui que Dieu a touché de son doigt et couronné de sa gloire ; aimer, dis-je, voilà un bonheur bien digne de l'homme.

Et mourir, c'est peut-être cesser d'aimer. Oh ! alors !! que la mort est une chose effroyable.

Mais, le Dieu qui a pétri notre âme d'amour , ne laissera-t-il pas cette noble passion par delà la tombe ; les mânes de ceux qui ne sont plus ne s'intéressent-ils pas à nous ? Ne nous aiment-ils pas comme ici-bas ?

Il faut être heureux, c'est la fin de tout être sensible sorti des mains d'un créateur sage et puissant ; c'est le premier désir que nous inspire la nature et le seul que nous gardions toujours. — Or , où est le bonheur sur cette terre? N'a-t-on pas toujours plus de souffrances que de jouissances ?

L'homme veut connaître; mais quels obstacles la matière oppose à la réalisation de cette volonté sacrée! Philosophes que la nature a répandus sur la surface du globe, dites-nous, et les sublimes voluptés de la science et de quelles épines est armé l'arbre qui porte ce beau fruit. Avouez-le nous, souvent n'avez-vous pas désiré voir anéantir votre corps, qui, comme un verre dépoli, s'opposait |à ce que vous pussiez satisfaire la sainte ardeur de savoir, qui vous dévorait?

O Mort, reine cruelle du sombre empire, ton pouvoir sur l'humanité qui te déteste est donc nécessaire; tu es le ministre implacable, terrible, mais utile que la suprême intelligence a établi sur le monde, afin que les lois éternelles et admirables de la nature fussent fidèlement exécutées.

Pourquoi, d'ailleurs, le redouterait-on beauconp.

Est-ce que la vie a quelque chose de si séduisant?

Le monde, n'est-il pas un torrent où arbres, rochers, maisons, berceaux, cercueils se heurtent sans cesse?

Les évènements humains ne sont-il pas souvent si hideux, que l'anatomie de la vie serait horrible à faire et toucherait à toutes les monstruosités?

Le bonheur, comme le printemps, ne passe-t-il pas sans que rien indique comment il a été? l'arbre de la félicité se dépouille rapidement, ses fleurs, ses fruits, à moins qu'ils ne soient amers, disparaissent, il reste nu.

Le malheur, au contraire, semblable à la foudre, laisse toujours la trace des blessures qu'il a faites.

N'y a-t-il pas, dans la vie, des jours où le bonheur ne semble plus un asile prochain et accessible? mais un lointain pays vers lequel il faut marcher, à travers de rudes sentiers, de dangereux précipices.

La félicité est-elle jamais exempte d'amertumes? N'est-elle pas souvent la voie qui conduit au malheur? Examinons.

Aimer est un bonheur; certes, un des plus grands bonheurs, de la vie; eh bien! n'arrive-t-il pas à plusieurs que leur cœur se trouve fermé? la réalité a coupé les ailes de leurs rêves, étouffé les profondes inspirations de leur âme, et, pourtant, il leur faut respecter les serments qui les enchaînent, la Société tout entière les a garantis; il y aurait infamie à les trahir et puis ce serait tomber dans un abime plus grand encore. *Aimer donc est quelquefois malheur.*

Voyez-vous cette famille, elle est tout en joie, un enfant vient de lui être donné, c'est un premier né !!! Quel bonheur, quelle allégresse, quelle douce émotion agitent le cœur des deux époux!! Le Ciel a béni leur union puisqu'il l'a rendue utile à l'humanité. Écoutez-les former de beaux projets; oh! s'ils pouvaient se réaliser, cet enfant serait au moins un demi-dieu, ils veulent qu'il soit heureux; rien ne leur coûtera pour y réussir, le père (c'est un de nos frères) voit déjà, avec bonheur, le jour où il le fera initier à nos Mystères.

Mais, hélas! bientôt des cris plaintifs se font entendre, le pauvre enfant souffre; car il pleure. Soulagez-le donc, parents, vous l'aimez tant; préservez-le donc de la douleur? Que vois-je? Tous deux vous restez immobiles, vous ne pouvez rien pour cet innocent. Pauvre mère! ses pleurs te déchirent le cœur , tu donnerais la dernière goutte de ton sang pour lui épargner une seule larme et tout ton dévouement lui est inutile , les maladies les plus cruelles viendront l'assaillir, et tout ton amour ne le guérira pas. La mort, peut-être, la mort inexorable l'enlèvera et, Infortunés Parents, fussiez-vous les maîtres de toute la terre, vous serez obligés de la laisser faire. La mort.... Oh ! avoir un enfant, un enfant chéri , l'espoir de l'âge mûr, l'appui de la vieillesse et le voir porter au cimetière, est-ce possible? Dieu est-il juste et bon de permettre cela,

Arrêtez, Parents, vous blasphèmez, Dieu est toujours juste et bon; cet enfant, vertueux eût, peut-être, souffert des vices des méchants, qui l'auraient persécuté, tandis que, dans l'éternité, il est heureux pour toujours.

Vicieux , il vous aurait affligés, peut-être eût-il fallu que vous le reniiez. Un chagrin plus grand encore pouvait vous atteindre ; combien de pères et de mères oublient qu'une vie mal commencée est comme le trait qui , au départ, est détourné de la ligne directrice de l'épaisseur d'un cheveu, arrivé à la hauteur du but il en est bien loin ; ils sont la cause des désordres et des déportements de leurs enfants. Quels remords pour eux !!!

Résignez-vous donc, celui qui vous l'avait donné vous l'a ôté, c'est que cela était juste et utile , soit à votre enfant, soit à vous, Parents Inconsolables.

La mort est donc quelquefois un bonheur.

Et en effet :

Un homme a eu jusqu'à ce jour une réputation intacte et méritée, il a toujours fermé les oreilles aux paroles séductrices de la corruption. Mais hélas!!! celui qui résiste à un choc violent tombe quelquefois sous la plus légère impulsion; hier il portait la tête haute, il avait la conscience pure, il serait mort honorable et honoré; aujourd'hui il n'ose lever les yeux. Pourquoi sa dernière heure n'a-t-elle pas sonné hier ?

N'eût-il pas été préférable pour BRUTUS, d'avoir cessé de vivre, le jour où il ordonna le supplice de ses fils traîtres à la Patrie.

BÉRÉNICE aime TITUS et en est aimée; mais TITUS est appelé au trône et il faut qu'il brise la chaîne sacrée et chérie qui fait son bonheur; c'est à ce prix seulement qu'il peut se dévouer aux intérêts de ses futurs sujets; il n'hésite pas, le devoir l'emporte sur la passion. Si TITUS était mort avant ce moment, il n'eût pas eu ces cruelles douleurs. Mais d'un autre côté, le peuple romain eût été privé d'un empereur qui fit *les délices du genre humain.*

Il y a peu de temps, une ville célèbre à jamais, la rivale heureuse des capitales les plus florissantes du monde, voyait ses rues jonchées de cadavres et le sang de ses enfants laver la fange de ses rues; des hommes obéissant à la loi du devoir, au cri de leur conscience, au vœu de leur pays, tirèrent l'épée du fourreau et se mirent à la tête de la lutte; la conduite de tous fut à la hauteur de leur mission ou de leur conviction, cependant quelques-uns restèrent sur le champ de bataille et on a honoré leur mémoire, ceux qui ont été épargnés n'ont recueilli que calomnies!!!

Vous avez perdu votre mari, votre père et vous pleurez sur lui, votre douleur s'égare; il a assez vécu, puisqu'il a bien vécu. Pleurez plutôt sur vous; il n'est plus là pour embellir votre vie; à vous, jeune homme, il ne donnera plus de conseils, de sages recommandations; mais consolez-vous, son ombre vous guidera toujours, et comme lui vous serez vertueux. La mort l'a enlevé prématurément de cette terre d'exil. Dieu en soit béni; il n'a pas vu des luttes fratricides dont l'aspect hideux aurait fait saigner son bon cœur.

Maçons, Mes Frères, notre Atelier date d'hier, et déjà un de ses Membres a vu la tombe s'ouvrir.

Cette perte a vivement affligé notre cœur; tout d'abord nous avons poussé des cris de désespoir, les voûtes de notre temple ont retenti de ces paroles lugubres : Gémissons, gémissons, un bon ami nous a été enlevé; mais bientôt, ce tribut payé à la faiblesse humaine, nous avons laissé l'espérance pénétrer dans notre cœur, notre tristesse est devenue une douce mélancolie, nous nous sommes consolés, nous entrevoyions notre Frère dans le séjour des bienheureux, et comment douter que les portes ne lui en aient été ouvertes? Il était bon Maçon.

Or, la Loi Maçonnique parle au cœur et n'est pas cruelle, elle laisse chacun libre dans sa foi, n'impose ses principes à personne; certainement ceux qui la suivent désirent qu'on les aime, qu'on les adopte, ces sublimes préceptes, et qu'ils soient la règle de conduite de l'humanité tout entière, parce qu'elle y trouverait le bonheur dans la paix, dans la moralisation, dans l'égalité bien entendue, dans la fraternité véritable.

La Maçonnerie a eu des martyrs, jamais elle n'en a fait. L'inquisition de TOULOUSE, les guerres des ALBIGEOIS, la SAINT-BARTHÉLEMY, les DRAGONADES, toutes ces violences d'un fanatisme ignorant et cruel, comme il l'est toujours, n'auraient jamais pu être commises en son nom. Le *crois ou meurs*, le *compelle intrare* n'ont jamais été ses devises.

Les Maçons, ouvriers de paix, ne peuvent faire ni vouloir aucun mal à rien de ce qui respire. Jamais leurs dogmes n'ont inspiré une pensée de sang, une pensée de haine, une seule pensée d'intolérance ; mais, si dans les annales du monde, on trouve quelque trait consolant de modération, de dévouement, souvent ils peuvent le revendiquer.

Ils servent le même Dieu que la presque unanimité du genre humain, et leur zèle ne peut les aveugler jusqu'à les porter à tourmenter ceux qui adorent ce Dieu, quelle que soit la forme de leur culte.

Frères, vous le savez, nos rites semblent aussi vieux que les astres, les premiers rayons du soleil ont dû éclairer et recevoir les hommages de nos pères. Nous retrouvons nos principes de morale dans les livres sacrés de tous les peuples, et cependant nous ne disputons avec personne sur l'antiquité et l'excellence de notre cérémonial. Notre seule prétention est que le Père de la Lumière ne se lève jamais sans nous trouver occupés à bien faire.

Espérons donc :

Dieu seul sait la vérité absolue ; si nous nous trompons, il est peu croyable que nous en soyons punis, nous qui ne prêchons qu'indulgence, amour de l'humanité, quelles que soient ses erreurs ; et que d'autres, soient les élus de Dieu, qui s'attribuent le droit de la persécuter en son nom.

On nous a accusés de bien des crimes, on nous a attribué beaucoup de suggestions coupables, on nous a donné un but très-répréhensible, on a cherché à nous tuer par le ridicule ; à tout cela nous n'avons répondu et nous ne répondrons jamais que par nos œuvres ; et, en effet, si nous voulions nous défendre, nos œuvres seraient notre seul argument ; nous dirions : Demandez à tel ou tel malheureux, depuis quand, une main bienfaisante cherche à venir à son secours et vous verrez que cette main qui veut rester cachée pourrait bien être l'instrument de ceux que vous traitez si peu charitablement.

Mais pardon, Mes Frères, je m'égarais : jamais les Maçons ne doivent parler du bien qu'ils font ; l'ostentation n'est pas leur mobile ; ils veulent secourir le malheur et ils sont assez récompensés du bonheur qu'ils puisent dans le souvenir des infortunés qu'ils ont soulagés, sans qu'il leur soit besoin de rechercher les jouissances de l'orgueil de bien faire,

Espérons, espérons.

Nous prêchons et nous pratiquons la tolérance, vertu qui doit être bien méritoire aux yeux d'un Dieu infiniment bon, infiniment miséricordieux.

A moins, pourtant, qu'il n'ait prononcé, que ce soit détruire tous les cultes que laisser chaque peuple à celui de ses ancêtres, si sa raison le lui fait trouver bon, que ce soit se jouer de toutes les religions que les respecter toutes indifféremment.

Espérons, espérons, espérons.

Attendons la mort de pied ferme, nous remettrons avec tranquillité, avec calme notre âme entre les mains qui l'ont créée. Le juste s'endort et ne meurt pas.

Néanmoins, Frères, gardons-nous d'imiter ceux qui ne craignent pas de juger une mort violente ou douloureuse. Qui peut connaître toutes les voies de la Divinité?

La vie a quelque chose de pénible; je l'ai déjà dit, ici bas, nous sommes dans l'exil, et beaucoup seraient tentés de l'abréger, si le Créateur, dont la sagesse est infinie, et qui n'a pas voulu qu'on lui rendît, avant le temps fixé, le dépôt qu'il a confié; si le Créateur, dis-je, n'avait placé dans notre cœur la crainte, l'horreur de la mort.

Aussi, à moins que la cruelle ne nous prenne en traître et ne nous frappe comme la foudre, nous lui disputons notre vie pied à pied, lambeau à lambeau ;

dans une agonie, tout à la fois horrible et touchante, nous cherchons à la ressaisir à mesure qu'elle nous échappe, et c'est là un combat si terrible que l'ensemble en épouvante le cœur le plus héroïque; mais ce combat est dans l'ordre de la nature et il n'appartient pas au faible roseau, appelé homme, d'en assigner les causes et de juger le mort par la manière dont il a quitté la vie.

Mes Frères, il y a bien longtemps déjà que je parle, je voudrais avoir assez d'éloquence pour parler encore des heures sans craindre d'abuser de l'attention bienveillante que vous m'avez prodiguée; car, mes bons Frères, vous le savez, le sujet est bien loin d'être épuisé; mais je ne me trouve pas ce talent, je m'arrête.

Cependant, avant de terminer, encore deux mots.

Henri iv, au moment où son prédécesseur venait d'expirer, frappé par le poignard d'un fanatique, entra dans la chambre mortuaire, se jeta sur son corps sanglant, l'embrassa avec transport, puis se relevant, dit d'un air pénétré, le cœur gros de soupirs : « Les larmes ne le feront pas revivre, les vraies preuves d'affection et de fidélité sont de le venger; pour moi j'y sacrifierai ma vie; nous sommes tous Français et il n'y a rien qui nous distingue, pour l'accomplissement de ce qui est dû, à la mémoire de notre roi et au service de notre Patrie. »

Et nous, Maçons, enfants, apôtres de la vraie lumière, disons : « Notre Frère Boudot est mort, le destin l'a ainsi voulu, les larmes ne le feront pas revivre, les vraies preuves d'amitié et de regret sont de travailler avec ardeur à la cause qu'il avait embrassée ; pour moi je le jure, je m'y livrerai corps et âme. Nous sommes tous Maçons, tous Frères, il n'y a rien qui nous distingue dans l'accomplissement de nos devoirs, souvenons-nous de ce que nous devons à notre Frère et à la cause de la Maçonnerie

J'ai dit.....

Ces cruelles vérités produisent sur l'assemblée la plus vive émotion ; il est de ces réflexions qu'on ne peut faire sans en ressentir les plus sensibles effets ; le deuil pénètre tous les cœurs.

Mais l'harmonie plus vive, plus animée, vient reporter, par ses saintes inspirations, tous les cœurs vers la voûte céleste comme pour indiquer que l'âme du Frère bien-aimé, débarrassée des vapeurs terrestres, s'était élancée radieuse et pure dans le séjour des élus !!! et l'espérance consolatrice remplace la douleur.

Le Frère NICAISE fils occupe une seconde fois la tribune ; l'assemblée avec la plus religieuse attention écoute la lecture du savant discours qui suit :

Le Christianisme et la Franc-Maçonnerie

Dans notre siècle, dit de lumière, où tout se trouve soumis au scalpel inquisitorial de la curiosité publique, il semble étrange que la vérité, sur certaines questions sociales, se trouve encore éclipsée par la pénombre de préjugés ridicules et de superstitieuses erreurs. Ce erreurs, chez les personnes peu éclairées, aux idées

exclusives et étroites, étouffent jusqu'au dernier vestige
du jugement, et ne laissent à la place de la raison qu'un
instinct aveugle et stérile , qui s'impressionne selon la
tendance que lui imprime une cause indépendante et
étrangère. Parmi les questions d'une haute pensée sociale, la Franc-Maçonnerie a le plus à souffrir de ces
obstacles, d'autant plus redoutables, qu'ils tiennent à
des intérêts puissants, à des liens intimes, à des sus-
ceptibilités pointilleuses, enfin à ce ressort immense
d'énergie et de puissance, nous voulons dire à l'esprit
religieux.

Il faut avouer que l'ordre de la Franc-Maçonnerie, en
se couvrant d'un voile mystérieux, a dû faire naître,
dans les siècles semi-barbares du moyen-âge, des pré-
ventions fâcheuses, qui retentissent encore aujourd'hui.
A cette époque essentiellement superstitieuse, tout mystère, quelque innocent qu'il fût, ne manquait pas d'é-
veiller les conjectures merveilleuses de la multitude.
C'était l'âge d'or de la crédulité ; les sorciers, les alchi-
mistes, les nécromans, *Satan* lui-même , et ses légions
infernales, tous fort peu à la mode de nos jours, jouaient
un rôle important dans la Famille, dans la Société, dans
le Gouvernement politique et religieux de ce temps-là.
Le vulgaire toujours épris du fantastique , se plaisait à
assombrir ce qu'il ne pouvait comprendre, et, loin de
chercher à découvrir la cause rationnelle de ce qui l'é-
tonnait, s'obstinait à croire à des agences surnaturelles
ce qui, du reste, caressait le goût de son imagination.
On conçoit assez facilement que cette tendance crédule
et superstitieuse devenait, entre des mains habiles, un

levier bien puissant pour servir les fins d'un corps am-
bitieux. A l'aide de ce principe, il n'est plus difficile
d'expliquer le sombre pouvoir de l'inquisition, si longtemps dirigée contre les Frères. Le vaste empire des
excommunications, des brefs et des bulles; la patience
servile et abjecte des populations courbées sous un joug
superstitieux; les tortures, les exécutions capitales, les
auto-da-fé; les guerres sanglantes, où la croix profanée
guidait les glaives religieux; tout cela nous apparaît
dans le passé comme un sombre et lugubre cortège,
foulant aux pieds la vertu bien aimée du Christ, la
charité.

Il y a, dans cette triste expérience de l'histoire, un
enseignement précieux pour la Société actuelle. En présence de ces faits, dont rien ne peut attaquer l'authen-
ticité, nous devons nous mettre en garde contre l'ambition masquée d'un zèle hypocrite qui, agissant sur nos
préjugés d'enfance, sur les erreurs traditionnelles de
notre esprit, cherche à égarer notre jugement, pour
diriger, à son profit, notre amour vers des choses qui ne
nous sont connues que par des données dont cette
ambition, dans son intérêt, n'hésite pas à faire des
calomnies.

Il y a loin, sans doute, de l'époque dont nous venons
de parler à notre siècle lumineux et civilisé : ce qui était
un crime dans le XVI° siècle, est devenu une vertu dans
le XIX°. La Liberté, ce soleil de la Société humaine, a
lui sur le monde et a débarrassé la raison des hommes
de ses voiles ténébreux; on a compris que si tous sont

égaux devant Dieu , tous doivent aussi l'être devant leurs semblables.

L'ingénieuse allégorie *des membres et de l'estomac* résume la définition de la Société, beaucoup mieux que ne le feraient des in-folio. Ce principe de dépendance mutuelle une fois établi , on arrive par une pente naturelle à cette conclusion d'une vérité éternelle qui doit faire la base de toutes les institutions humaines : *Amour*, *Harmonie*. C'est ce principe d'ordre qui , sous diverses dénominations , a traversé les siècles , depuis la création du monde jusqu'à nos jours , inébranlable comme la vérité, invincible comme Dieu lui-même.

Partout et toujours on apprécie les causes par leurs effets immédiats. La Franc-Maçonnerie, plus que toute autre institution humaine, trouve, dans l'application de ce principe, son panégyrique et sa réponse aux objections et aux incriminations insensées que ses ennemis n'ont cessé d'accumuler sur sa route. Son chaste manteau s'est il jamais souillé de sang humain? Son influence a-t-elle jamais suscité des guerres? Non. Si parfois des taches sanglantes ont rejailli sur elle, ce n'a jamais été que le sang de ses enfants immolés pour leur amour des principes , pour leur amour de l'humanité entière; dignes martyrs d'une cause sainte , sacrifiés par la rage sanguinaire de ceux qui spéculaient sur l'asservissement de leurs semblables!

Il serait inutile de rappeler ici les services immenses que la Franc-Maçonnerie a rendus à la science , aux arts et surtout à la liberté civilisatrice. L'Europe est couverte des œuvres de sa science architecturale, qu'elle a disséminées avec une profusion féérique, lorsque, la Société n'étant pas encore mûre pour qu'on y pût travailler à une architecture morale, la Maçonnerie, elle, dirigeait les moyens puissants qu'elle tenait de ses principes vers le grand et noble but qui nous a dotés d'édifices dignes, par leur magnificence, de l'idée qui les faisait construire.

Emule de la religion du Christ, quoique son origine soit bien antérieure à la venue du Messie, elle s'y est naturellement associée : homogènes de principes et de but, il n'en pouvait être autrement. Seulement la Franc-Maçonnerie a continué d'appliquer ses effets à la vie humaine, elle la prend au berceau et ne l'abandonne qu'à la tombe, borne inébranlable et inévitable de tout ce qui tient à l'homme, de tout ce qui vient de l'homme. En un mot, la Franc-Maçonnerie est à la vie matérielle et intellectuelle, ce que la religion divine est à la vie de l'âme. La première doit être nécessairement bornée comme la chose sur laquelle elle s'exerce, de même que la seconde doit être infinie, éternelle, d'après le même principe.

Il y a dans cette distinction entre ces deux religions une importance majeure, car elle sert à écarter toutes les incriminations illusoirement basées sur les principes de la religion divine.

On nous suppose ennemis de la religion du Christ, parce que, maçonniquement parlant, nous ne reconnaissons aucune religion particulière. Partant toujours de notre principe d'unité universelle, serions-nous conséquents avec ce principe d'unité, base de notre Société, si nous n'ouvrions pas nos rangs aux Frères de toutes les religions? Qu'on le sache bien, nous ne connaissons d'ennemis que les esprits exclusifs et égoïstes; renfermant notre influence dans des bornes purement humaines, nous respectons toutes les croyances religieuses, parce qu'elles sont en dehors de nos limites.

Qu'on ne s'empresse pas de déduire de ce qui précède que nous ne professons aucune religion dans nos Loges. Ce serait une grave erreur. Persuadés que l'homme, quelque excellentes que soient ses intentions, ne peut rien sans le secours du Créateur; soumis, comme tout le monde à cet instinct de dépendance et de faiblesse inhérent à la nature humaine, nous invoquons le Grand Architecte de l'Univers, conciliant par ce culte universel, tous les dogmes, toutes les doctrines. Notre mission s'exerçant sur la chose créée, nous adorons le Créateur. Voilà notre religion maçonnique.

Peut-on maintenant accuser la Franc-Maçonnerie d'être incompatible avec le Christianisme? Nous ne le voyons pas. Du reste, si notre Société était entachée des vices qu'on lui attribue, eût-elle traversé, triomphante et invincible, tant de siècles, tant de persécutions, tant d'obstacles! Certainement non; le mal porte avec lui sa condamnation et sa ruine; le bien, son triomphe et sa durée. Avec ces trois mots : *Foi, Espérance, Charité,* inscrits sur notre bannière, nous marchons vers notre noble but, ayant *foi* dans notre mission, *espérance* dans l'avenir, *charité* pour tous les hommes.

L'harmonie s'unit à ces sublimes pensées, ses accents sympathiques font vibrer tous les cœurs ; l'adieu fraternel trois fois lancé dans l'espace ne recueille que le silence mystérieux de la mort ; l'écho seul répond à ce que les cœurs ressentent ; alors le digne Frère FLÉCHÉ fait entendre les stances élégiaques suivantes adaptées à la mélodie de SCHUBERT :

L'Adieu.

Quelle douleur amère
Vient attrister nos yeux !
Un voile funéraire
Couvre tout en ces lieux.
C'est un soutien fidèle
De la Fraternité,
A qui, la Mort cruelle
Ouvre l'Éternité.

En ce moment suprême
Qui frappe les Maçons,
Notre peine est extrême,
Mes Frères, gémissons !
Pleurons l'appui fidèle
De la Fraternité,
A qui, la Mort cruelle
Ouvre l'Eternité.

O toi qui vois paraître
Un jour si radieux,
Près du divin Grand Maître,
De la terre et des cieux !
Ah ! sois toujours fidèle
A la Fraternité.
Jette un regard sur elle
De ton Éternité.

Les devoirs funèbres sont accomplis, la parole est donnée au Frère HOUDARD jeune, Orateur de la Très Révérée Loge Les Arts Réunis de Rouen.

Ce bon Frère, qui avait déjà déployé un zèle et un dévouement qui n'ont d'égal que sa profonde connaissance des usages maçonniques, a accepté la mission de rendre hommage aux Dames du gracieux concours qu'elles sont venues apporter à la Loge dans ce jour de deuil, et a prononcé l'improvisation suivante, qui a capté la bienveillance de l'assemblée tout entière :

A mes Frères, à mes Sœurs, en ce jour solennel,
Merci, d'être accourus à l'appel fraternel.

A vous, mes Sœurs, merci !!! d'avoir, malgré la crainte,
Osé franchir le seuil de cette noire enceinte,
Pour offrir à la *tombe*, et vos fleurs et vos vœux ;
En vous associant à nos regrets pieux
Vous avez su , mes Sœurs, grandir ce sanctuaire,
En consacrant l'encens sur l'urne funéraire.

Merci ! pour la famille de tous les vrais Maçons ;
Prier pour qui n'est *plus*..... c'est suivre leurs leçons.

— Quand le destin prononce un arrêt si *terrible*,
Malgré des vœux ardents, la *mort* est *inflexible*,
Il faut subir l'arrêt par elle décrété;
C'est devant le *tombeau* que naît l'*égalité*.

— En voyant recueillie, une foule assemblée,
Recouvrant de ses fleurs *l'antique mausolée*,
L'Ordre redit : Merci, pour vos fleurs et vos vœux;
C'est si doux d'être plaint quand on est malheureux!

— Mais de plus nobles voix ont su bien mieux décrire
Les regrets qu'on éprouve, et que je ne puis dire;
Quand l'*encens* s'animait sur le funèbre autel,
L'éloquence payait le tribut fraternel.
Les orateurs ont su, d'une amitié sincère,
Retracer les vertus du bon et digne Frère.

Ils ont tout moissonné dans le champ de la mort.
Pour glaner après eux il faut doubler d'effort;
Puissé-je m'inspirer de leurs hautes pensées!

Pour arriver, mes Sœurs, les routes sont tracées;
De vous féliciter on m'a fait le devoir,
J'invoquerai le zèle, à défaut du savoir.

— Mes Sœurs, en pénétrant dans ce *funèbre temple*,
Où la mort à vos yeux s'est fait voir en exemple,
Vous avez dû frémir.... en voyant ces *apprêts*,
Ces *murs* tendus de *noir*, ce *tombeau*, ces *cyprès*,
Cet *encens* animé, ces *torches funéraires*,
Ces *décors*, ces *flambeaux*, ces *emblêmes mortuaires*,
Ce *lugubre appareil*, ce *glas* retentissant,
Ce chant triste des *morts*, écouté en tremblant;

Peut-être, vous aurez, en scrutant en vous-mêmes,
Tâché de deviner ce que sont ces *emblêmes*?

Tremblez!!! Si ce n'était, mes Sœurs, par piété....
L'*Ordre* punit toujours la curiosité.

Oh ! tremblez !!! si jamais un seul mot se *révèle*,
Vous aurez contre vous la secte fraternelle,
Qui vous lient en ce *lieu*, prête à vous *engloutir*;
Une fois dans son *temple*, on n'en peut plus *sortir*.

Ce *sol*, ces *murs* tout *noirs*, que regarde la foule,
Il ne faudrait qu'un *mot*, pour qu'ici tout s'*écroule*.

— Mais rassurons-nous tous, vos cœurs seront *discrets*,
Ils ne sont pas venus *surprendre* nos *secrets*.

Si, pour les deviner, l'esprit se croit habile,
Un *secret* à saisir n'est pas chose facile.
Un *secret* qu'on ignore, est un *secret*..... hélas !
Comment dire un *secret*.... qu'on ne vous apprend pas.

— Mais, direz-vous, pourquoi ces *secrets*, ces *mystères;*
Ne vous cacheriez-vous, que pour vous nommer *Frères?*
Si c'est bien la vertu, qui guide votre amour;
Maçons, pourquoi ne pas vous montrer au grand jour?

— Mais apprenez, mes Sœurs, que le bien qu'on médite,
Semé dans le silence, est *fécond* et *croît vite...*
On n'en connaît le prix qu'aux heureux que l'on fait;
Moins nous le révélons et plus il est *parfait.*
Nous ne craignons, mes Sœurs, ni foudre ni *vengeance.*
Ici tout ce qu'on fait est pour la bienfaisance;
Dans nos travaux *secrets* le devoir est dicté;

Il se résume ainsi : *Mystère* et *Charité.*

Mes Sœurs, il est des *jours*, du bonheur, *interprètes*,
Où ce *temple* de *deuil* devient *temple* de *fêtes.*

Les Maçons plus instruits, suspendant leurs *travaux*,
Viennent s'y réunir pour *goûter* le *repos.*
Dans nos *fêtes* toujours, l'*union bienfaisante*
Travaille à soulager la famille indigente.

On provoque un *concert*, un *bal*, pour faire appel
A quiconque appartient au *lien fraternel.*

Pardon, mes Sœurs; je parle, en ce séjour *funèbre*,
De *fêtes*, de *plaisirs*!¡! C'est ainsi qu'on *célèbre*
Le bonheur d'être *unis....* Unissons donc nos *vœux*
Pour procurer du *pain* à nos *pauvres honteux.*

Mes Sœurs, c'est le moment, d'offrir à la souffrance,
Le *secours* qui console et donne l'*espérance.*
La *charité* prescrit d'acccorder ces *secours*,
Nous allons invoquer, mes Sœurs, votre concours;
Le *pauvre* qui reçoit sourit à qui lui donne;
Plus heureuse est la *main* qui partage l'*aumône.*
Pour offrir le *bienfait*, vos cœurs nous aideront.
Les pauvres *soulagés*, demain vous béniront.

Mes Sœurs, l'*humanité* réclame votre offrande
Et prie, qu'en bonheur, un jour *Dieu* vous la rende;
C'est aux cœurs généreux que nous faisons appel
Pour goûter, en donnant, le bonheur fraternel.

— Le *devoir* des Maçons est d'aider l'indigence;
Vous allez le remplir, par votre *bienfaisance.*

— Maintenant que nos cœurs ont confondu leurs vœux,
Je puis dire tout bas un *secret*, même *deux* ;
Car nous devons penser, que vous n'irez plus croire
A ces contes grossiers qui faussent notre histoire ,
Où l'on dit, que sous terre, il est de *noirs fourneaux* ,
Pleins de *brasiers ardents*, où battent nos *marteaux* ;
Que l'*Enfer* et *Satan*, avec nous sont des *diables* ;
Vous ne voudrez plus croire à ces *traits incroyables*.
Nous serions des *sorciers*, d'après ces *contes fous* !!!
Mais nous ne sommes pas, vrai plus *sorciers* que vous.

— Peut-être bien, mes Sœurs, qu'à son tour le profane ,
En vous sachant ici, vous juge et vous condamne ;
En vain la sotte *erreur* voudra lancer ses *traits*.
Vous lui répondrez *mieux*, en semant les *bienfaits*.

— Mes Sœurs, j'ai l'espérance, en voyant votre zèle ,
Qu'un *Climat* grandira près de la *Fraternelle* ;
Qu'en mettant en commun, cette sainte *union*,
Vous deviendrez un jour des Sœurs d'adoption !

— N'allez pas croire encor, que l'*Ordre* maçonnique
Veuille exiger de vous un serment *satanique*.
L'ignorance, de nous a cette *opinion :*
Que les Maçons entr'eux sont sans religion.
Sur des récits trompeurs l'*erreur* nous calomnie,
Criant que notre secte est une secte impie ;
Quand les Maçons *unis....*, en essuyant ses *traits*,
Loin de les imiter, propagent les bienfaits.

— Qu'on soit ou non *chrétien*, à chacun sa croyance ,
L'*Ordre* prescrit, à tous, la *paix*, la *tolérance* ;

Qu'importe que l'on soit *musulman* ou *païen*,
Le *devoir* du Maçon est de faire le bien,
De respecter partout la foi *sincère* et *pure* ;
Nos *serments* sont prêtés au *Dieu* de la nature,
Au *Dieu* que vous servez, que notre *Ordre* a conçu,
Qui sait nous enseigner la sublime *vertu*,
Ce *Dieu* que vous nommez, mes Sœurs, l'*Etre-Suprême*,
Que nous reproduisons, sous chaque *emblême* ;
C'est le *Dieu* qui, pour l'*Ordre*, a toujours existé,
Qui nous réunit tous, par la *fraternité* ;
Ce *Dieu* qui nous prescrit d'aimer notre *semblable*,
D'offrir au vrai malheur une main *secourable*,
Afin qu'en tous pays, le *voyageur humain*
Puisse trouver un *Frère* et lui *tendre la main*.
C'est en semant ces *vœux*, dont la *source* est *féconde*,
Que la Maçonnerie a fait le *tour* du *monde*.

— Persévérez, mes Sœurs, dans ces sublimes vœux ;
Partout où vous serez, vous ferez des heureux.

— Vous artistes Maçons !!! qu'anime un noble zèle,
Vous dont les cœurs ont dit : c'est *pour* la *Fraternelle*,
A vous *gloire* et *merci*. Vos *sons mélodieux*,
Pour chanter les *vertus*, ont monté jusqu'aux *cieux* ;
Par vous l'*encens*, les *fleurs*, unis à l'harmonie,
Nous ont fait admirer les beautés du *génie*.
Tous les cœurs attendris invoquaient l'*Eternel*,
Quand l'*âme* qu'on pleurait s'envolait vers le ciel.
A vous artistes vrais l'*écho* redira *gloire* !!!

Les *archives* du *temple* en garderont *mémoire* ;
Jamais on n'oubliera vos *fraternels accents*.
Recevez, nobles cœurs, nos *vœux* reconnaissants.

Lorsque j'ai vu *briller* le *savoir*, l'*éloquence*,
La *piété*, les *arts*, surtout la *bienfaisance* ;
Qu'il m'est doux de *redire*, à nos aimables Sœurs ,
Gloire et merci, vos dons vont tarir bien des *pleurs*.

— Toujours au dévoûment nous offrons des couronnes.
Vous êtes, à nos yeux, Mesdames, des *Maçonnes* ;
La *Fraternelle*, en vous..., a trouvé *Charité*.
A vous, mes Sœurs, merci !!! pour la *fraternité* ;

Le *bien* que vous semez marque votre passage,
Le malheur assisté bénira votre *ouvrage*.

Mes Sœurs, nous graverons sur nos tables d'*airain*
Que demain, grâce à vous, le pauvre aura du *pain*.

Deux Dames, accompagnées du Frère Houdard et du Frère Desgenétais, recueillent alors une collecte abondante qui vient prouver que la réunion a bien compris le chaleureux appel du Frère Houdard ; la charité n'est pas restée sourde à la voix suppliante et sympathique de la fraternité.

Cette collecte, suivant une décision prise antérieurement par la Loge, et conformément à un usage généralement adopté, n'est pas entrée dans la caisse du Frère hospitalier. Elle est due en grande partie à la généreuse aumône des Dames ; elle a été versée, ainsi que le prouve la lettre ci-dessous, entre les mains de Madame la Trésorière des Dames de charité :

MONSIEUR,

Je m'empresse de vous accuser réception des 56 fr. 45 cent. qui m'ont été remis par l'honorable M. LÉVESQUE de la part de la Société des Francs-Maçons. Ce n'est pas la première fois que cette Société fraternelle vient seconder les efforts des Dames de Charité de Bolbec; aussi, mues par le sentiment philantropique qui en anime MM. les Membres, sont-elles très reconnaissantes de cette nouvelle offrande pour laquelle elles vous prient, Monsieur, de vouloir bien leur faire agréer leurs remerciements sincères qu'elles vous adressent également par mon organe.

Recevez, Monsieur, l'assurance de mes sentiments distingués.

BAILLEUL ,

Trésorière du Comité des Dames de Charité de Bolbec.

Le 25 Avril 1849.

Le Frère NICAISE remercie l'assemblée au nom des pauvres et de l'Ordre Maçonnique ; il annonce ensuite que la séance est terminée et invite à se retirer en paix au sein de la plus pure amitié.

Cette solennité a laissé dans les cœurs de profonds, salutaires et éternels souvenirs.

Merci, aux dévoués Frères visiteurs et aux Loges qu'ils représentaient ; la Fraternelle n'oubliera jamais les marques d'intérêt qu'elle en a reçues en ce jour.

Merci aux Artistes habiles et zélés qui ont si gracieusement accordé le concours indispensable de leur talent.

Merci aux Dames généreuses et vraiment pieuses qui sont venues donner à cette cérémonie, une solennité plus grande, une solennité inattendue.

Honneur à la Maçonnerie, qui sait enseigner une morale aussi pure, pratiquer la bienfaisance avec tant d'intelligence et inspirer de tels sentiments.

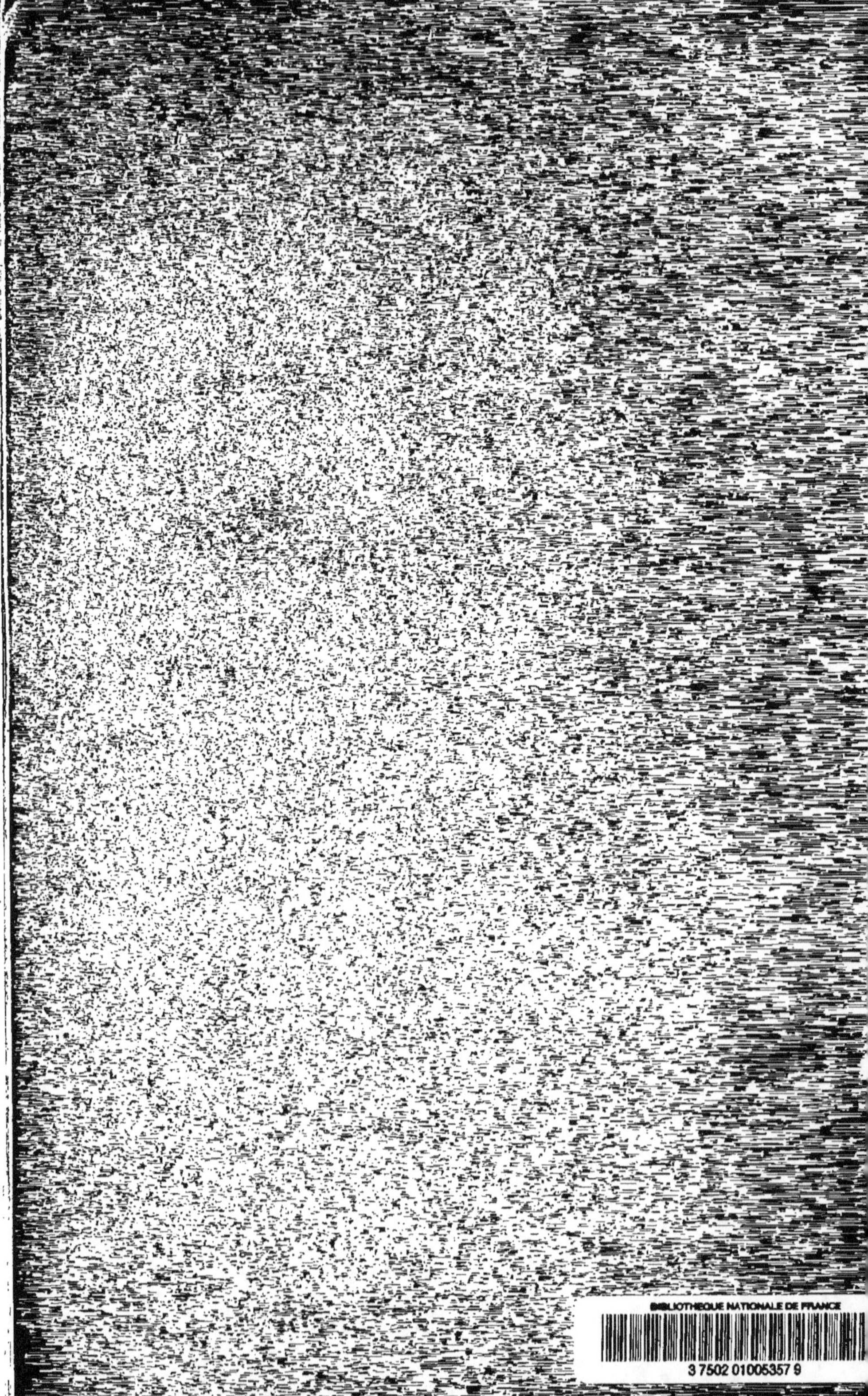

www.ingramcontent.com/pod-product-compliance
Lightning Source LLC
LaVergne TN
LVHW012053030726
842523LV00002B/501